AF305782

H. REMY DE SIMONY

LA RÉPUBLIQUE OUVERTE

« Nous avons pris leurs biens, mais ils ont gardé leur honneur. »

(Paroles de MIRABEAU à l'issue de la séance du 4 janvier 1791, où les Évêques venaient de refuser de prêter serment à la constitution civile du Clergé.)

« Il y a des hommes de qui nous pourrions accepter des avances ; de vous, jamais ! »

(Paroles de M. le Comte ALBERT DE MUN, en réponse à M. Jules Ferry, séance du 8 juin 1889.)

PARIS

LOUIS CARRÉ, ÉDITEUR

15, Rue de Sèvres

—

MDCCCXCI

A M. LE BARON D'HUART

CONSEILLER GÉNÉRAL

A vous, mon cher cousin, qui fûtes, toujours, Catholique sans peur et Royaliste sans reproche, cette affirmation de notre foi commune et de nos communs espoirs.

Paris, 1ᵉʳ Février 1891.

H. R de S.

I

Lₐ forme sociale et politique dans laquelle un
peuple peut entrer et rester n'est pas livrée
à son arbitraire, mais déterminée par son
caractère et son passé. »

Cette phrase de Taine, dans les origines de la *France
contemporaine* (1), m'est revenue à l'esprit, lors du toast
prononcé, le 11 novembre dernier, à Alger, devant
l'état-major de l'escadre de la Méditerranée, par Son
Eminence le cardinal Lavigerie.

Dans cette allocution, l'illustre primat d'Afrique
s'exprimait ainsi :

« L'union est, en ce moment, notre besoin suprême ;
l'union est aussi, laissez-moi vous le dire, le premier
vœu de l'Eglise et de ses pasteurs à tous les degrés de

____

(1) Ancien régime, P. III, préface.

la hiérarchie. Sans doute, elle ne nous demande de renoncer ni au souvenir des gloires du passé, ni aux sentiments de fidélité et de reconnaissance qui honorent tous les hommes. Mais quand la volonté d'un peuple s'est nettement affirmée, que la forme du gouvernement n'a rien en soi de contraire, comme le proclamait dernièrement Léon XIII, aux principes qui seuls peuvent faire vivre les nations chrétiennes et civilisées ; lorsqu'il faut, pour arracher son pays aux abîmes qui le menacent, l'adhésion sans arrière-pensée à cette forme de gouvernement, le moment vient de déclarer enfin l'épreuve faite, et, pour mettre un terme à des divisions, de sacrifier tout ce que la conscience et l'honneur permettent, ordonnent à chacun de nous de sacrifier pour le salut de la patrie.

« C'est ce que j'enseigne autour de moi, c'est ce que je souhaite de voir enseigner en France par tout notre clergé et, en parlant ainsi, je suis certain de n'être désavoué par aucune voix autorisée.

« En dehors de cette résignation, de cette acceptation patriotique, rien n'est possible, en effet, ni pour conserver l'ordre et la paix, ni pour sauver le monde du péril social, ni pour sauver le culte même dont nous sommes les ministres.

« Ce serait folie d'espérer soutenir les colonnes d'un édifice, sans entrer dans l'édifice lui-même, ne serait-ce que pour empêcher ceux qui voudraient tout détruire d'accomplir leur œuvre de folie, surtout d'assiéger du dehors, comme le font encore quelques-uns, malgré des hontes récentes, donnant aux ennemis qui nous

observent, le spectacle de nos ambitions ou de nos
haines, et jetant dans le cœur de la France le décou-
ragement, précurseur des dernières catastrophes. »

Ces déclarations, aussi graves qu'imprévues, sou-
levèrent immédiatement d'ardentes polémiques.

La haute situation de leur auteur, la solennité voulue
avec laquelle elles avaient été prononcées, la lettre
circulaire adressée deux jours après l'événement aux
curés du diocèse, par l'archevêque d'Alger, pour leur
recommander de conserver « dans les archives de la
paroisse » cette sorte de manifeste, les interviewes nom-
breuses, précisant et accentuant encore, si possible, la
netteté d'une telle évolution, tout cela était de nature à
produire une légitime émotion parmi les catholiques.

Cette émotion s'accrut, lorsque, paraphrasant le discours d'Alger, Mᵍʳ Isoard, évêque d'Annecy, ne crai-
gnit pas d'écrire que « l'esprit monarchique n'existe
plus en France » et de déclarer que « la Monarchie
est impossible désormais ».

Tout le passage est à citer :

« Lorsqu'il s'agit, entre Français, des affaires
publiques, ou, selon le langage ordinaire, de ce qui
touche à la politique, on entend tout d'abord ce langage : il faut choisir, de toute nécessité, entre ces deux
formes de gouvernement d'une nation, la monarchie
et la république. Les uns disent que la monarchie est
de beaucoup le meilleur des gouvernements et qu'il
faut, avant toutes choses, s'efforcer de la rétablir en
France ; les autres, que la république est le seul mode

de gouvernement qui puisse donner la liberté au citoyen, la prospérité au pays, et qu'aucun sacrifice ne doit coûter lorsqu'il s'agit de la maintenir.

« J'ai toujours pensé qu'avant d'établir cette comparaison, avant de se donner à l'un de ces deux partis, il y avait une question à se poser et à résoudre : la monarchie est-elle encore possible en France ?

« Si l'esprit monarchique subsiste parmi nous, la monarchie est possible, et l'on peut travailler à son rétablissement. Si l'esprit monarchique a disparu, et complètement, la monarchie est impossible, et c'est se condamner à une entreprise sans issue que de s'efforcer de la faire revivre.

« Qu'est-ce donc que l'esprit monarchique ?

« C'est le sentiment qu'il y a et qu'il doit y avoir dans le pays une souveraineté, — je ne dis pas un gouvernement, mais une souveraineté; — c'est le sentiment que cette souveraineté appartient à une famille et que les conditions de propriété et de transmission de cette souveraineté sont exactement les mêmes que pour la propriété et la transmission de tous les autres biens.

« Tel est l'esprit monarchique. Il a existé, en France, autant et plus peut-être qu'en toute autre contrée de l'Europe. Subsiste-t-il encore ? Non. Je dis plus : y a-t-il en France, en cette année 1890, beaucoup d'hommes qui comprennent, qui devinent ce qu'a été l'esprit monarchique ? Je suis convaincu que le nombre de ces hommes est des plus restreints. Il faut beaucoup de lecture pour entendre seulement ce que voulaient dire, pour nos arrière-grands-pères, ces mots : le roi, la famille royale.

« S'il n'y a plus, en France, ni esprit monarchique, ni même trace de cet esprit, comment une monarchie pourrait-elle être rétablie ? Si les titres de roi et de royauté se trouvaient un jour rétablis au sommet d'une constitution, comment une durée quelconque serait-elle assurée à ce régime ? Or, ce qui fait la monarchie, c'est précisément qu'elle est incontestée dans sa durée, que sa perpétuité paraît la chose du monde le plus naturelle.

« Que si la monarchie est impossible en France, à quoi bon disserter sur les avantages intrinsèques, absolus, de cette forme de gouvernement ? Et pourquoi proposer à ses efforts un but qui s'éloigne, s'efface et ne saurait être atteint ? »

L'adhésion du prélat savoyard à la république a ceci de particulier que, tandis que Mᵍʳ Lavigerie veut bien ne pas demander aux monarchistes de « renoncer au souvenir des gloires du passé ni aux sentiments de fidélité et de reconnaissance qui honorent tous les hommes », l'évêque d'Annecy, lui, nous signifie, de la façon la moins équivoque et la plus nette, que ceux-là se nourrissent de chimères et font des songes creux, qui cherchent à comprendre encore ce que signifient ces mots : « le roi, la famille royale » !

Ceci n'est rien, toutefois, à côté de la thèse soutenue par Mᵍʳ Fuzet, évêque de Saint-Denis et de la Réunion, dans la lettre qu'il adressait, le 24 novembre 1890, au créateur de la Ligue anti-esclavagiste.

Le document tout entier est écrit sur un ton de combat, qui a soulevé jusqu'aux protestations de l'*Univers*, où cependant les théories émises par le cardinal Lavigerie et M⁹ʳ Isoard avaient reçu un accueil aussi large qu'empressé....

Qu'on en juge :

« Éminence Révérendissime,

« Il y a quelques jours, j'avais l'honneur d'entretenir le secrétaire d'État de Sa Sainteté des avantages qui résulteraient pour le clergé d'une acceptation loyale du gouvernement de la République ; je lui disais qu'on devrait écrire en lettres d'or, dans tous les presbytères de France, le conseil que vous aviez donné à vos prêtres, dans une de vos dernières lettres pastorales, de conseiller autour d'eux aux catholiques la soumission aux institutions que le pays s'est données. Son Eminence me demanda en quelle lettre vous aviez parlé ainsi, et me le demanda avec un sourire que je compris, le lendemain, en lisant les dépêches annonçant votre toast d'Alger.

« Hier, le Souverain Pontife a daigné me recevoir avec cette bienveillance particulière qu'il se plaît à témoigner aux évêques. Dans le cours de la conversation, il m'a dit : « Vous devez être content du « toast du cardinal Lavigerie. » Je lui ai répondu : « Très Saint-Père, le cardinal a rendu à l'Eglise des « services signalés : je ne crois pas qu'il lui en ait rendu « de plus considérable que celui qui résultera de ces « mémorables paroles. Les conséquences de cette

« déclaration ne seront peut-être pas immédiates, mais
« dans quelque temps on reconnaîtra que le cardinal,
« qui, dans les batailles du bien contre le mal, a les
« vues soudaines du génie, a frappé un coup des plus
« heureux. »

« Et je me suis permis d'insister sur la nécessité
où nous sommes, dans l'intérêt supérieur de l'Eglise,
de nous dégager des partis monarchiques, impuissants à rien conserver, à rien fonder, même lorsqu'ils
oublient les lois de la conscience jusqu'à s'abaisser
à ramasser les armes déshonnêtes de la corruption
et de la conspiration.

« C'est vous dire, Eminence Révérendissime, que
j'adhère complètement à votre toast. Je le fais avec
d'autant plus d'assurance que le grand Pape qui
gouverne l'Eglise semble vous avoir initié à tous les
conseils de sa profonde politique, et que les accents
de votre voix sont toujours inspirés par le patriotisme
le plus pur et le plus pur amour de la religion.

« Sans doute, les intransigeants de droite et de
gauche se récrient déjà, ceux-ci par peur de voir
l'apaisement religieux leur enlever leur plate-forme
électorale, la guerre au cléricalisme, ceux-là par dépit
de voir leur échapper le seul moyen d'influence qui
leur restait, ou par un point d'honneur qui les attache
à un drapeau vaincu, dans les plis duquel ils veulent
s'ensevelir. . . . .

« Suivant le noble exemple que vous donnez dans
l'épiscopat, depuis plus de trente ans, trente ans de
travaux prodigieux et d'éclatants succès, nous ne

lierons pas la cause de la religion à celle des partis
qui combattent le gouvernement établi, alliance
néfaste qui stérilise notre ministère au milieu des
masses en nous rendant souverainement impopulaires.
Nous laisserons les morts enterrer les morts. Hommes
de la vie éternelle, pourquoi resterions-nous ensevelis
sous les ruines de la vieille Europe qui croule de toutes
parts ? Nous devons animer du souffle divin que nous
portons le monde nouveau qui a surgi avec ce siècle,
qui a grandi et qui triomphe. Nous n'avons pas le
droit d'attacher la barque de l'Eglise à un rivage que
les flots abandonnent. Il faut, pour le salut du monde,
qu'elle suive le fleuve dans les terres neuves où il trace
son cours, afin d'y jeter, avec la semence des principes
chrétiens, celle de la vraie justice et de la vraie
liberté. »

Nous ne sommes plus ici, on le voit, sur le terrain de
« l'Union » recommandé par le cardinal-archevêque.

On ne se contente plus de nier « l'esprit monarchique », on s'en prend, et de la façon la plus grave,
à son représentant autorisé. Les royalistes ne sont
plus seulement des illuminés et des fanatiques qu'il
s'agit de guérir de leurs illusions et de convaincre de
leur erreur, mais des gens compromettants et compromis « impuissants à rien conserver, à rien fonder,
qui oublient les lois de la conscience et dont l'Eglise
doit au plus tôt se dégager ». Nous ne servons pas la
Religion, nous sommes de ceux qui s'en servent et
qui craignent « de voir l'apaisement religieux leur
enlever leur plate-forme électorale. »

Après avoir pris connaissance de ce document, nous nous sommes demandé si nous avions bien lu, si un catholique avait pu le concevoir, si un prêtre avait pu l'écrire, si un évêque avait eu le courage de le couvrir de l'autorité du Souverain Pontife, dont nul, plus que nous, ne vénère le saint magistère.

Il y a dans cette lettre, nous le répétons, des phrases qui sont comme des sonneries de clairon, qui sentent la bataille et qu'on dirait écrites par un de ces hommes qui, depuis vingt ans, ont déclaré à nos traditions les plus chères une guerre impitoyable et sans merci.

Nous ne devons pas apprécier cette attitude.

Nous ne pouvons pas juger ces évolutions.

Si, comme royalistes, nous avons le droit de protester, comme catholiques, nous avons le devoir de nous taire.

Aussi, ne trouvera-t-on sous notre plume aucune phrase désobligeante, aucun mot blessant pour les prélats qui, après avoir signé, d'une façon prématurée peut-être, l'acte de décès de notre parti, nous engagent, en guise de *De Profundis*, à entonner la *Marseillaise* sur son cercueil entr'ouvert !

Il y a eu des Lamourette en tous les temps ; et l'histoire, cet « éternel recommencement », est là pour nous avertir que les évolutions les plus inattendues ont souvent pour corollaire des chutes encore plus soudaines.

Déjà, les feuilles les plus influentes du parti républicain repoussent, comme suspect, le rameau d'olivier qui leur est offert et refusent d'ouvrir les « portes du temple » aux prélats qui ont rêvé d'y pontifier.

Entre vos doctrines et les nôtres, entre la Franc-Maçonnerie et l'Eglise, il n'est pas de terrain commun, donc pas d'entente possible, disent-elles.

Pour avoir droit de cité chez nous, il faut accepter au préalable toute notre œuvre : vous incliner devant la politique antireligieuse que nous avons inaugurée, les errements financiers que nous avons suivis, les persécutions que nous avons édictées, les abus de pouvoir que nous avons commis, les scandales que nous avons encouragés, les hontes de toute nature que nous avons tolérées.

Prêtre ou laïque, il n'importe : il faut passer sous le joug, abandonner la Croix pour le Compas, approuver, dans tous ses détails, le plan infernal que, d'accord avec le Judaïsme international, nous avons imposé à la Fille aînée de l'Eglise, à la nation chrétienne par excellence.

La lutte contre le cléricalisme n'a été qu'une préface ; la guerre à l'Eglise, à ses croyances, à ses dogmes, à ses ministres, voilà le nouvel Evangile, l'arche de la nouvelle alliance.

Catholiques,...... la République vous est ouverte, ouverte comme la caverne où des bandits s'apprêtent à vous dépouiller de votre vie et de vos bourses.

Vous n'avez, pour vous en convaincre, qu'à lire la *Lanterne*, le *Radical*, la *Justice* ; qu'à consulter à l'*Officiel* les discours de ceux à qui s'adressent les appels à la conciliation que nous venons rapidement de signaler ; qu'à prêter l'oreille aux blasphèmes qui montent, encouragés et applaudis, des bas-fonds de la démagogie !

C'est pour faire cet examen en commun que nous avons cru devoir écrire ces lignes.

Il nous a semblé que c'était accomplir œuvre utile que de montrer au Pays, éperdu et inquiet au milieu de tant d'incohérences, qu'il a autre chose à faire qu'à se prêter à des expériences condamnées, à des tentatives de rapprochement que tout doit faire avorter, et que la meilleure façon, en somme, de venger nos droits méconnus et nos libertés violées, est encore celle qui consiste à montrer aux sectaires que nous sommes une force et qu'il faudra compter avec elle !

Ce n'est pas parce que certains caractères se dépriment, que quelques intelligences s'obscurcissent, qu'une demi-douzaine de bonnes volontés se lassent ; ce n'est pas parce qu'une ou deux évolutions aussi inattendues que bruyantes, et des tergiversations aussi hypocrites que prolongées se sont produites, qu'il convient de déposer lâchement les armes et de pratiquer cette politique des « bras croisés » qu'un journal du boulevard préconisait naguère.

Qu'on le veuille ou non, les sophismes n'auront qu'un temps, les illusions qu'une heure ; les éclipses de conscience ne tarderont pas à s'évanouir et à disparaître, sous l'action combinée du bon sens et des faits.

C'est pourquoi nous dirons à tous ceux qui nous lisent et qui veulent bien, avec leur indulgence, nous accorder le toujours puissant réconfort de leurs sympathies :

A l'œuvre et haut les cœurs ! Suivons, sans hésitation, comme sans faiblesse, la ligne droite. Plus encore, peut-être, en politique qu'en géométrie, elle est le chemin le plus sûr et le plus court. Travaillons avec la seule préoccupation du bien à faire, du devoir à accomplir. Soyons plus fermes que jamais ; à nous, quoi qu'on dise, est l'avenir... Gardons, intacts, les principes et l'honneur, nous souvenant, suivant la belle expression de Berryer, que c'est surtout quand les héritiers sont absents qu'il faut défendre l'héritage.

Un jour viendra où on sera trop heureux de se grouper autour de ceux — et nous en sommes ! — qui n'auront trempé dans aucune compromission, que n'aura effleurés aucune intrigue.

Il est des tyrannies qu'on ne désarme pas et des abdications qui déshonorent à jamais ceux qui, par lassitude, faiblesse ou ambition, s'en sont rendus coupables.

Certes, nous comprenons, ainsi que le demandait récemment Mgr Turinaz, que les catholiques se placent « résolument en dehors de tous les partis, sur le terrain religieux et patriotique ». C'est la doctrine même de l'Eglise !

Nous admettons même, à la rigueur, « qu'ils affirment qu'ils sont sans hostilité contre la forme républicaine », encore que leurs actes, depuis vingt ans, protestent contre le reproche *d'opposition systématique* qui pourrait leur être adressé.

Mais une acceptation sans conditions « de la république des républicains », une approbation en bloc « de tous les actes parlementaires ou gouvernementaux accomplis durant ces dernières années », c'est là une hypothèse à laquelle nous ne saurions nous résoudre et que, nous l'espérons, — nous en sommes même convaincu, — NN. SS. de Carthage, de la Réunion et d'Annecy n'ont pas même envisagée.....

Catholiques avant tout ?

Mais, quel est celui d'entre nous qui ne signerait un tel programme, qui, dans sa vie publique ou privée, n'a essayé, n'essaie tous les jours d'y conformer le moindre de ses actes ?

Toutefois, pour que l'union que recommande M>r l'évêque de Nancy ne soulève aucune objection, qu'elle ne masque aucune duperie, qu'elle ne prête à aucun compromis, il doit rester bien entendu qu'elle ne froissera, nous prenons les propres expressions de M>r Turinaz, « ni les personnes, ni les opinions, ni les souvenirs, ni même les espérances ».

Ni les espérances, surtout, car nous sommes de ceux qui pensent que la France est de tempérament monarchique et qu'il lui faudra, tôt ou tard, — ceci est le secret de la Providence ! — revenir aux traditions dont la violation et l'oubli ont été le signal de tous les maux dont nous souffrons à l'heure présente.

Dans ce cas, notre adhésion serait un sacrifice momentané et non la désertion réfléchie, irrémédiable, définitive d'une cause que, pour notre part, nous ne consentirons jamais à considérer comme vaincue et à laquelle nous conservons, intacts, toutes nos sympathies et nos respects.

Un des hommes les plus considérables du parti royaliste, M. le comte de Bourbon-Lignières, envisageant, lui aussi, les découragements et les impatiences qui, depuis quelque temps, se font jour, rappelait ce qui se passa en 1696, à la bataille de Steinkerque, gagnée par le maréchal de Luxembourg :

« L'armée française avait été repoussée, la Maison du roi (corps d'élite) elle-même avait dû reculer, décimée par la mitraille. Guillaume d'Orange, dirigeait sur notre camp sa longue-vue, croyant voir nos troupes en pleine déroute. Au lieu de cela, il aperçoit la Maison du roi, serrant ses rangs, se former en ordre d'attaque et prête à charger de nouveau. Ce fut alors qu'il laissa échapper le mot devenu historique : « Oh ! l'insolente nation ! »

« Nous appartenons à cette nation, dit M. de Bourbon-Lignières ; nous sommes, dans l'armée conservatrice, la Maison du roi, nous aurons, comme elle, l'*insolente* audace d'une obstination indomptable qui nous ramènera, tôt ou tard, la victoire pour le salut de la France, n'en déplaise à nos vénérables contradicteurs, pour le plus grand bien de l'Église. »

On ne saurait mieux dire et plus éloquemment.

Comme M. de Bourbon-Lignières, nous pensons que le pays qui possède tant de pages glorieuses, où de si justes causes ont été défendues avec courage et héroïsme, ne peut, du jour au lendemain, déchirer ses Annales et faire table rase de son immortel passé.

Il y a quelque chose de plus honteux que la violence des persécutions, c'est le cynisme des apostasies.

Si la France est devenue, pour un instant, le refuge des Pilates, elle saura s'épargner la honte de devenir jamais la patrie des Judas !

« La forme politique et sociale dans laquelle un peuple peut entrer et rester n'est pas livrée à son arbitraire, mais déterminée par son caractère et son passé. »

Nous en demandons humblement et respectueusement pardon aux évêques de la Réunion, de Carthage et d'Annecy...!!

L'avenir dira qui, d'Eux ou de nous, s'était trompé....

Quoi qu'il arrive, quelles que soient les destinées que la Providence nous réserve, la sincérité des vénérables prélats demeure au-dessus de toute atteinte, comme notre respect pour Leur caractère et Leurs personnes à l'abri de tout soupçon.

II

Tablant sur les évolutions plus ou moins conditionnelles que nous venons de passer en revue, les journaux inféodés, de près ou de loin, à la coterie gouvernementale, s'en vont répétant qu'il n'y a plus aujourd'hui de question constitutionnelle, que la République, sortie victorieuse des scrutins, est hors de cause et que les masses conservatrices, à défaut de leurs états-majors, ont le devoir de se rallier au nouveau régime.

Au lendemain d'élections qui, à 350,000 voix près, ont failli faire pencher la majorité de gauche à droite, l'affirmation est quelque peu risquée.

Quand il n'y a, entre un gouvernement et les partis d'opposition, que l'épaisseur des fonctionnaires et les surprises des urnes à double fond, ce gouvernement n'a pas le droit de chanter victoire et de proclamer, comme un triomphe, des résultats dus à la fraude et à la plus éhontée des pressions.

C'est ce que constatait un républicain de bonne foi, M. Deschanel, lors de la discussion du projet Reinach destiné à étrangler la liberté de la presse.

M. Deschanel s'exprimait ainsi :

« Prétendre asseoir le gouvernement d'une nation sur la moitié de cette nation — car nous ne saurions perdre de vue qu'aux élections de 1889 encore, comme aux élections de 1885, il n'y a eu, entre les voix républicaines et celles de l'opposition, qu'un écart de 700,000 voix, soit *350,000 voix* à retourner, sur 10 ou 11 millions de suffrages, pour déplacer la majorité... (Applaudissements à droite. — Réclamations à gauche.)

« Prétendre, dis-je, asseoir le gouvernement d'une nation sur la moitié de cette nation, je dis que c'est là une *chimère*, je dis que c'est là une *gageure insoutenable*, où les volontés les plus fortes et les plus nobles talents finiraient par se briser !

« Tant que nous aurons en dehors de nous, en dehors de l'ordre constitutionnel, contre l'ordre constitutionnel, près de la moitié de la France... (Très bien ! très bien ! à droite. — Interruptions à gauche.)

« Tant que nous serons dans cette situation électorale, *nous serons toujours à la merci d'un incident, d'une aventure, d'un mouvement de mécontentement, d'humeur ou de colère du suffrage universel.* »

L'argument tiré de la vitalité de la République et de sa soi-disant consécration est donc un pur sophisme.

Si, à un moment donné, vous aviez à vous plaindre

d'un serviteur infidèle, admettriez-vous qu'on vous l'imposât avec cet argument : *Mais, voilà vingt ans qu'il est à votre service ?*

A bon droit, vous trouveriez la plaisanterie mauvaise et vous suspecteriez, non sans motif, la raison ou la bonne foi de celui qui vous donnerait un tel conseil !

Nous allons voir que, loin d'avoir rien tenté pour désarmer cette formidable opposition, les républicains ont tout fait pour la confirmer, d'une façon plus énergique que jamais, dans ses griefs.

Aux élections d'août et de septembre 1889, le pays avait donné mandat à ses représentants de rétablir l'équilibre budgétaire, en entrant sérieusement dans la voie des économies. La Droite avait indiqué les chapitres sur lesquels des réductions pouvaient être pratiquées, sans entraver, en rien, le bon fonctionnement des services publics.

Ah ! bien oui, vous n'y pensez pas : supprimer aux frères et amis, aux courtiers électoraux, aux électeurs influents les postes grassement rétribués, les emplois rémunérateurs, les sinécures lucratives... Mais c'eût été, d'un trait de plume, biffer la raison d'être de la République !

Est-ce que les finances nationales peuvent servir à autre chose qu'à gaver les fils, neveux et cousins de MM. Tel ou Tel ; qu'à combattre la religion catholique à l'aide d'un enseignement infâme dont la masse du pays ne veut à aucun prix ; qu'à construire des écoles autour desquelles s'est organisée spontanément la grève des élèves ?

Aussi, à de rares exceptions près, les députés de la Gauche ont-ils résolu de ne pas diminuer le train de maison du régime et de laisser aux catholiques le soin de faire de nouveaux sacrifices pour soutenir la guerre implacable qui leur est faite.

La Commission du budget et le ministre, en plus de l'emprunt de 869 millions, ont inventé une série d'impôts aussi bizarres que vexatoires.

Au nombre de ces derniers, se trouve la surtaxe de l'impôt sur les valeurs mobilières.

Elles payaient 3 %, elles paieront maintenant 4 °/₀. C'est le premier pas fait par la majorité républicaine dans la voie des impôts nouveaux.

Or, il n'est pas sans intérêt de constater que ce *nouvel impôt* frappera surtout la petite épargne et qu'en 1882 deux des ministres actuels, MM. Rouvier et Ribot, le combattaient énergiquement, en faisant valoir des arguments qui, rappelés par M. Thévenet ! ! n'avaient rien perdu de leur actualité et de leur force.

L'ancien ministre de la Haute-Cour a fait remarquer que lorsque l'impôt sur le revenu des valeurs mobilières fut créé en 1872, c'était sous la pression de nécessités urgentes ; il fallait payer la rançon du pays. Mais 1890 n'est pas 1872 ; les circonstances n'ont aucun rapport entre elles — M. Camille Pelletan tenait un langage identique.

En outre, M. Thévenet, indiquant sur quelle catégorie de citoyens portera la nouvelle taxe, s'est exprimé ainsi :

« Elle atteindra les porteurs d'obligations, notam-

ment d'obligations de chemins de fer, dont le revenu
est minime. Sur ces obligations de chemins de fer, qui
représentent un capital de 12 milliards en 30 millions
de titres, 69 % sont au porteur : c'est-à-dire qu'elles
sont classées dans la petite épargne. Leur revenu sup·
porte déjà un impôt assez lourd. A son origine, la taxe
des valeurs mobilières ne rendait que 15 millions :
n'est-ce pas assez qu'un tel accroissement ? Quelle
nécessité de décourager la petite épargne ? Les humbles
citoyens qui achètent une obligation avec leurs économies de l'année sont aussi intéressants que ceux qui
versent ces économies à la caisse d'épargne ; on n'a
pas voulu hier frapper ceux-ci : il serait inique de
frapper aujourd'hui ceux-là. »

Ces considérations n'ont pas eu le don d'émouvoir
la majorité.

Et l'impôt de 3 %, voté au lendemain de nos dé-
sastres, qui, dans la pensée de ses auteurs, était appelé
à disparaître, quand la situation normale de nos
finances se rétablirait, a été aggravé.

Avons-nous, du moins, comme fiche de consolation,
la satisfaction de constater que le budget est en
équilibre et que les 48 millions de charges nouvelles,
sans compensations sérieuses, vont enfin, avec l'emprunt de 869 millions, combler le gouffre du déficit ?

Ecoutez, sur ce point, M. Henry Maret, rédacteur
en chef du *Radical*, un des membres les plus influents
de la majorité républicaine :

« *Le budget est une boîte à surprises.*

« *Jamais je n'ai vu pareil galimatias.*

« *On finit par s'accorder ; mais le diable m'emporte si quelqu'un sait sur quoi. Le plaisant de l'affaire, c'est qu'on a appelé cela jeter de la clarté dans le budget.*

« *Dans tout ce salmigondis, il est même arrivé au gouvernement de voter et de faire voter contre ses propres propositions, en sorte que c'était très amusant de voir les ministériels enragés s'indigner contre leurs patrons et se trouver de l'opposition sans le savoir.*

« *Chacun y a été de sa gaffe.*

« *Aussitôt qu'on a su que de nouveaux impôts n'étaient pas nécessaires, on s'est empressé d'en voter.*

« *Enfin, passe pour tout cela.*

« *Seulement, je crois qu'on ne serait pas fâché de savoir à quoi s'en tenir. Or, je défie qui que ce soit de me dire aujourd'hui si le budget est équilibré ou non. Sur le papier, il le sera toujours, mais, dans la réalité, tout le monde l'ignore. Quant à moi, je le confesse franchement, je croyais y comprendre quelque chose au printemps ; je me suis défendu comme j'ai pu cet automne, mais, à l'approche de l'hiver, je dois déclarer que je n'y comprends plus rien du tout.* »

Comment voulez-vous, dès lors, que l'électeur et le contribuable y voient plus clair ?

A l'aide de quel miracle espérez-vous leur faire croire que leur voix est écoutée, leur volonté respectée, leurs désirs entendus, alors qu'ils assistent à d'aussi solennels désaveux, à de si scandaleuses palinodies, qu'ils se rappellent qu'il y a un an le ministre de l'intérieur, ce même **M.** Constans, faisait afficher par ses préfets, sur tous les murs de nos villes et de nos villages, des affiches blanches où se lisait ceci :

« Ceux qui prétendent que la majorité républicaine voterait un emprunt ou de nouveaux impôts en ont menti, et nous allons les déférer aux tribunaux ! »

Ce qui a fait dire, très justement, à **M.** Paul de Cassagnac :

« Pour faire son devoir, le ministre de l'intérieur devrait aujourd'hui prier son collègue de la justice de vous traîner tous en police correctionnelle, car ce que vous aviez dit que vous ne feriez pas, vous venez de le faire. (Très bien ! très bien ! à droite.) »

Dans son remarquable travail sur la situation budgétaire de la France, **M.** Camille Pelletan, examinant les accroissements successifs de la dette publique, constate que :

Sous le premier Empire, 1800-1814, la dette s'était grossie en moyenne, par année, de 150 millions ;

Sous la Restauration, 1815-1830, augmentation annuelle de 160 millions ;

Sous la Monarchie de Juillet, 1830-1847, 100 millions par an les neuf premières années, 1831 à 1839 s'étant à peu près balancées en recettes et en dépenses ;

Sous la République, 1848-1851, 167 millions par an ;

Sous l'Empire, 1852-1869, 288 millions par année ;

Sous l'Assemblée nationale, 1872-1876, 375 millions

par an, sans y comprendre l'indemnité et les dépenses de guerre de 1871.

Depuis 1876, sous la République, de 434 millions par année.

C'est-à-dire :

284 millions par an de plus que sous le premier Empire ;

274 millions par an de plus que sous la Restauration ;

334 millions par an de plus que sous la Monarchie de Juillet ;

146 millions par an de plus que sous le second Empire.

Que les républicains ne viennent pas, en guise de circonstance atténuante, nous parler des dettes de la guerre !

Ces dettes, les conservateurs les ont payées.

Si de nouvelles charges ont été créées, c'est uniquement pour satisfaire les *appétits* de la secte et donner à la clientèle radicale l'os à ronger que, depuis si longtemps, elle convoitait.

Emplois inutiles, subventions ruineuses, chemins de fer électoraux, écoles sans élèves, gaspillages dans les administrations..... Voilà la source du déficit... Il n'y en a pas d'autre !

Poursuivons :

Il y a un mois, au Sénat, M. Rouvier s'écriait pompeusement :

— Nous avons 60 millions de recettes en plus.

— Dites 60 millions d'impôts en plus, riposta M. Lacombe.

M. Rouvier demanda alors à la Droite le moyen d'équilibrer le budget sans impôts nouveaux.

— Par des économies, répliqua de nouveau un de nos amis politiques.

Voulez-vous savoir quelle fut la réponse du ministre ? Ecoutez :

— *Vos économies, nous n'en voulons pas.*

Or, la Droite qu'on accuse toujours d'opposition systématique, venait patriotiquement, par l'organe de M. Buffet, de se déclarer prête à voter *même l'emprunt et les impôts nouveaux*, pourvu que le gouvernement se déclarât prêt à *entrer sérieusement dans la voie des réformes* toujours promises et sans cesse ajournées.

Ni réformes, ni économies !

Et malgré l'emprunt et en dépit des 60 millions d'impôts nouveaux, le budget de 1891 se solde encore par un déficit que M. Blavier, preuves en mains, évalue à plus de 300 millions.

La conclusion, c'est le rapporteur général du budget, c'est M. Camille Pelletan, dont nous citions le nom tout à l'heure, qui va nous la fournir :

« *La dette de la France reste chose mystérieuse, comme la géographie des pays inexplorés !* »

Camille Desmoulins disait déjà : « Il n'y a que les fripons qui craignent les reverbères. »

Comme vous voyez, l'appréciation des deux Camille est absolument identique, quant au fond !

Voilà pour la question financière.

Quant à la pacification, il suffit d'ouvrir l'*Officiel* et de lire, d'un bout à l'autre, les honteux débats auxquels a donné lieu l'amendement Brisson, pour se convaincre que la guerre à Dieu et à l'Eglise est, plus que jamais, l'article fondamental des francs-maçons au Parlement et au pouvoir.

Le droit d'accroissement imposé aux congrégations, n'est autre chose que le complément de l'article 7 ; c'est la ruine certaine, fatale, inévitable, de toutes les maisons religieuses. C'est le lasso qui étranglera légalement, dans l'ombre et sans bruit, ces admirables ordres hospitaliers dont la présence dans une contrée est une véritable providence pour les déshérités et les malheureux.

Le plan infâme a été admirablement conçu.

La loi de 1884 oblige les communautés à faire la déclaration de décès d'un des leurs dans autant de bureaux d'enregistrement qu'elles possèdent d'établissements.

C'est ainsi que les Filles de la Charité, qui possèdent *800 maisons,* doivent faire *800 déclarations,* pour un seul décès, et payer un minimum de 2 fr. 85 à chaque bureau.

Or, un calcul, basé sur des chiffres officiels, démontre que la totalité des biens des Filles de la Charité, divisée entre les dix mille membres de la Congrégation, représente, pour chacun de ceux-ci, un avoir de 2,300 francs.

Pour cette succession de *2,300 francs,* — en admettant qu'il y ait succession, ce qui est faux, puisque les

Filles de la Charité ne possèdent rien en propre — la Congrégation verse au fisc *2,100 francs.*

Les Sœurs de Saint-Vincent-de-Paul, ces femmes admirables d'abnégation, obligées de payer annuellement 500,000 francs, vont avoir à débourser, si les arrérages leur sont réclamés, une somme de 2,500,000 francs que, depuis 1885, elles doivent à l'Etat, sur un capital social de 23 millions.

N'est-ce pas là un véritable vol et ne sommes-nous pas, dès lors, en droit de taxer de scélérate une loi qui édicte des monstruosités telles ?

Il suffit, pour le démontrer, de citer le passage suivant du discours de M. Clausel de Coussergues, un libéral de la Gauche, qui demandait que les Congrégations fussent soumises à une seule déclaration, en cas de décès d'un de leurs membres :

M. CLAUSEL DE COUSSERGUES : « Je prends la Congrégation des Filles de la Charité, Congrégation qui est reconnue. Elles possèdent, d'après les évaluations de l'enregistrement, des biens d'une valeur de 23 millions. En disant qu'elles possèdent, je dois ajouter qu'elles n'ont qu'une jouissance incomplète de leurs biens, car la plus grande partie est grevée de charges : entretien d'hospices, d'orphelinats, etc.

« Les Filles de la Charité sont au nombre de plus de dix mille en France ; mettons dix mille : cela fait à chacune une part de 2,300 fr. dans le bien commun.

« Quand l'une d'elles se retire, l'enregistrement perçoit le droit de 11 fr. 25 %, soit 258 fr. 75. C'est déjà un chiffre honnête. (Mouvement.)

« Mais, en cas de décès, l'enregistrement oblige la Congrégation à faire une déclaration dans chaque bureau d'enregistrement dans le ressort duquel elle a une parcelle de bien. Cela fait huit cents déclarations à faire dans huit cents bureaux. Mettons pour chaque déclaration la valeur minimum de 20 fr. ; les Filles de la Charité devront payer, à raison de 11.25 %, sur une valeur de 20 fr., 2 fr. 25, plus la feuille de papier timbré de 0 fr. 60 ; cela fait au total 2 fr. 85 par bureau. Et je ne compte pas les accessoires : timbre de la quittance, coût de la procuration, frais de déplacement, etc. Si vous multipliez 2 fr. 85 par huit cents bureaux, vous arrivez à un chiffre de 2,280 fr. pour chaque décès de Sœur. Vous voyez ce qui reste à chaque Sœur sur sa part fictive de 2,300 francs. (Mouvement.) »

L'amendement de M. Clauzel de Coussergues était de nature à apporter dans l'application de la loi un peu plus de justice, de bon sens et d'honnêteté..... Il allait être adopté..... les députés du Centre l'applaudissaient, lorsque la lâcheté gouvernementale est venue, à point, rappeler aux gogos et aux naïfs que la conciliation est une sottise quand elle s'adresse à des Tartufes et à des gueux !

Une majorité asservie a repoussé cet amendement. Au nom de l'égalité, sans doute, elle a décidé que le bien des pauvres sera mis au pillage, ce qui forcera leurs bienfaiteurs à s'expatrier.

Suivant plusieurs journaux, en effet, il faut s'attendre à ce qu'un certain nombre de congrégations religieuses vendent les biens qu'elles possèdent en France et transportent à l'étranger le siège de leur ordre ; outre les Sœurs de Saint-Vincent-de-Paul, ils citent les Trappistes qui iraient en Suisse et les Chartreux qui passeraient en Allemagne.

Eh ! bien, disons-le, à la honte éternelle des sectaires, il s'est trouvé des républicains qui ont reculé devant une telle infamie... !

Deux *Juifs*, vous entendez bien, deux *Juifs*, MM. Reinach et Raynal, n'ont pas osé commettre l'attentat en face duquel n'ont pas hésité de soi-disant catholiques.. !

Oui, deux *Juifs*, avec d'autres républicains, ont voté l'amendement Coussergues, rendant plus manifeste et plus odieuse encore la lâcheté du gouvernement et de ses mamelucks ?

Nous n'insistons pas ! Aussi bien, il est des faits qui parlent d'eux-mêmes et des accusations qu'il est inutile de développer.

« Il n'y a pas à s'y tromper, dit le journal républicain la *Liberté*, c'est bien la guerre religieuse que, sous le prétexte d'un intérêt fiscal, on veut reprendre avec une nouvelle violence. »

Nous pourrions accumuler les exemples, compter les écoles laïcisées *malgré le vœu* des populations : en 1889, *soixante-et-onze rentraient dans cette catégorie*; dénombrer les hôpitaux privés des sœurs, malgré l'aggravation de dépenses qui en résulte, malgré l'avis formel de tout le corps médical et les réclamations

unanimes des malades, mais cela nous entrainerait
trop loin.

Nous pouvons constater, dès maintenant, qu'aux
électeurs qui lui disaient : « Assez de discordes, plus
de ces querelles fratricides qui mettent aux prises les
citoyens d'une même nation ; que la pacification et
l'apaisement succèdent aux violences et à la persécution qui formaient la base de la politique de la veille »,
la majorité a répondu en édictant de nouvelles
mesures de spoliation contre la Religion et ses
ministres.

Loin de désarmer, de reconnaitre que la campagne
antireligieuse à laquelle elle s'était livrée était impie
et sacrilège, elle a accentué encore, si possible, les
hostilités, décourageant toutes les tentatives de rapprochement et jetant comme un défi, aux catholiques, le
vote qui consacre la confiscation pure et simple des
biens des congrégations religieuses.

III

LA République est hors de cause », nous dit-on, « il n'y a plus de questions constitutionnelles ». Soit, nous consentons, un moment, à l'admettre. Mais alors, expliquez-nous comment il se fait que les journaux de la secte maçonnique dénoncent comme un péril social l'adhésion de certains conservateurs à la République et profitent de ces conversions isolées, de ces adhésions à la Dugué de la Fauconnerie, pour demander un redoublement de persécution, contre les idées de tolérance et de modération que représentent ces illuminés.

On parle couramment de notre opposition et de notre haine « systématiques ».

N'est-ce pas, au contraire, au régime qui fait de telles réponses à de semblables avances, que ce reproche doit être adressé ?

Que demandent les catholiques ?

La liberté égale pour tous.

La justice égale pour tous.

Le respect des croyances de tous.

Ce programme est-il subversif, est-ce faire œuvre de réaction que de le défendre et son triomphe aurait-il cette fortune bizarre autant qu'inattendue de faire sombrer le gouvernement qui, jusqu'à ce jour, s'est constamment refusé à l'appliquer ?

Quoi ! C'est combattre la République que de lui demander d'épargner les économies des contribuables et de mettre fin au honteux gaspillage, dont les conséquences ont été de nouveaux emprunts et de nouveaux impôts... ?

Combattre la République que de réclamer, pour les catholiques, une liberté égale à celle dont jouissent et abusent les francs-maçons et les juifs ?

Combattre la République que de flétrir, avec les honnêtes gens de tous les partis, la guerre quotidienne, tantôt sourde et hypocrite, tantôt cynique et violente, faite, au nom d'une prétendue neutralité, aux croyances de la majorité de la Nation ?

Combattre la République que de protester contre les abus de pouvoir, les exactions et les injustices dont se rendent complices la majorité parlementaire et le pouvoir ?

Combattre la République que d'élever la voix contre les scandales sans nom, qui s'étalent à tous les degrés de la hiérarchie sociale et politique ?

Combattre la République que de plaider la cause

des religieux que l'on dépouille et des humbles que l'on persécute ?

Combattre la République, enfin, que de rappeler à ceux qui l'oublient, que les droits ont pour corollaires des devoirs ; que le régime qui revendique, comme sienne, la fière devise gravée sur nos monuments publics, ne doit pas être l'exploitation d'une partie de la Nation, au détriment de l'autre, et qu'un gouvernement qui fonde sa suprématie sur les ruines morales et matérielles, est un gouvernement caduc, mûr pour la déchéance et le mépris historique !

Mais alors, qu'est-ce donc que votre République, si les mots de *Liberté*, d'*Egalité* et de *Fraternité* l'effraient, à ce point, qu'elle qualifie, à l'avance, de traitres et de renégats ceux qui, loyalement, les lui rappellent ! Qu'elle élève une barrière infranchissable de bassesses et de lâchetés, entre les hommes qui font le rêve insensé de l'assainir et les misérables politiciens, parasites insatiables qui en vivent !

Un jour, Théodore de Bèze était supplié par un ami de rétracter les erreurs de sa vie et de revenir à la religion catholique. Pour unique réponse, le « réformateur » souleva une portière derrière laquelle travaillaient ses enfants :

— Voilà, dit-il, mes raisons de demeurer hérétique !

Les républicains pourraient faire une réponse identique. Ce qui fait que leur domination ne sera jamais qu'un régime d'intolérance, de persécution et de ruine, c'est qu'ils ne le comprennent que comme un moyen de donner à leurs passions et à leurs appétits l'aliment et la satisfaction qu'ils réclament.

Ce n'est que par une hypocrisie sans nom qu'ils disent aux masses conservatrices : *Venez à nous, nos rangs vous sont ouverts,* au moment même où ils prononcent une excommunication en règle, contre les hommes qui, depuis vingt ans, ont lutté pied à pied pour les grands intérêts dont ces mêmes masses leur avaient confié la défense... !

La vérité est, ainsi que l'écrivait en ces derniers temps le directeur de l'*Autorité*, que la République est une « auberge ».

« Moins on y est de monde, plus on mange ! Donc l'auberge doit rester fermée ».

Il appartient aux conservateurs de faire justice de ces odieuses pasquinades et de rappeler à la pudeur les sectaires qui, *depuis quinze ans, ont semé la discorde et la haine, allumé la guerre dans chaque localité, entravé le bon fonctionnement du régime parlementaire, semé toutes les calomnies, essayé même de discréditer la France à l'Étranger, combattu obstinément toutes les mesures libérales !*

« *Voilà vingt ans que la République se fait sans vous et contre vous !* » s'écriait, il y a un mois, à Épinal, l'homme néfaste à qui l'on doit l'article 7, les lois scélérates et le Tonkin.

C'est parce que nous défendons notre place au soleil et que nous réclamons simplement le droit à la liberté, qu'on nous traite « d'émigrés à l'intérieur » et qu'on nous soufflète de cette déclaration de guerre nouvelle :

La République continuera à se faire sans vous et contre vous.

Tout cela, parce que — ne pouvant, actuellement, abroger des lois indignes — nous demandons que les séminaristes apprennent, en temps de paix, le métier d'infirmiers et de brancardiers qu'ils exerceront, en temps de guerre, au lieu du maniement d'armes qu'ils n'auront jamais à utiliser.

Parce que nous protestons contre la loi qui confie à des instituteurs exclusivement laïques l'enseignement primaire donné dans les écoles communales.

Parce que nous demandons que les conseils municipaux, qui sont l'émanation directe du suffrage universel et par conséquent des pères de famille, puissent, *à leur choix*, confier cet enseignement à des laïques ou à des congréganistes, suivant que la majorité dans la commune est pour *l'un ou l'autre* de ces enseignements.

De pareilles réclamations sont-elles injustes, exorbitantes, antilibérales? N'assurent-elles pas la liberté de conscience? A notre tour de dire : qui donc oserait ne pas l'affirmer?

Et lorsque les conservateurs, voyant qu'ils vont être forcés de faire donner à leurs enfants une éducation *athée* — j'insiste sur ce mot, car la neutralité scolaire ne peut être, ainsi que le déclarait jadis M. Jules Simon, à la tribune du Sénat, qu'une affreuse mystification et qu'un mythe — se ruinent pour construire et entrenir à grands frais des écoles libres, ont-ils tort de crier à la persécution?

S'il nous fallait citer tous les actes de pression commis par l'administration pour faire le vide dans nos classes ; si nous devions flétrir les honteux procédés, les basses intrigues, les marchés ignobles à l'aide desquels on a mis certains pères de famille dans l'obligation d'envoyer leurs enfants à des écoles qu'ils réprouvaient, le cadre de cette brochure n'y suffirait pas.

Malheur aux pauvres ! sous ce prétendu régime de fraternité !

Comptez les cantonniers, les facteurs ruraux, les employés des ponts et chaussées qui ont dû se courber sous le joug maçonnique et, pour avoir du pain, payer de leur liberté de conscience leur existence de tous les jours.

N'est-ce pas un régime infâme que celui qui, pour assurer sa domination, ne craint pas de poser cet atroce dilemme.

Et ne doivent-ils pas être écartés comme les pires ennemis de la liberté, les hommes qui approuvent d'aussi criantes infamies !

Ah ! inutile d'insister, n'est-ce pas ? Vous les voyez tous les jours, ces infortunés fonctionnaires, dans vos cantons et dans vos communes. C'est à peine s'ils osent saluer certains d'entre vous... Le délégué administratif est là, qui espionne et qui guette et dont la dénonciation à la Préfecture est toujours libellée et prête à partir.

Il faut de l'audace aux républicains pour oser proclamer ensuite l'égale admissibilité de tous les Français, sans distinction de caste ni de culte, à tous les emplois publics.

Ce sont les hommes qui ont fait deux Frances, qui ont couvert d'un voile noir l'image rayonnante de la patrie qui osent tenir un tel langage.

Voilà dix ans que la République écarte systématiquement de la plupart des fonctions publiques tous les citoyens suspects de cléricalisme ; dix ans que des hontes et des persécutions sans nom creusent, chaque jour, plus profondément, l'abîme qui sépare les enfants d'une même mère, qui devraient n'avoir qu'un seul cœur et, dans ce cœur, ne sentir battre qu'une seule âme.

Les voilà les turpitudes, les voilà les infamies, les voilà les attentats qui doivent faire frémir et soulever d'indignation les esprits et les consciences.

C'est à vous, surtout, républicains libéraux, que nous nous adressons.

A vous, qui vous êtes laissés prendre à cette séduisante chimère d'un régime ouvert à tout et à tous.

A vous, qui avez cru que le gouvernement du peuple ne pouvait, en aucun cas, être le gouvernement contre le peuple.

A vous, enfin, qui considérez la République comme le domaine de la Nation tout entière, et non comme le patrimoine d'une poignée de franc-maçons et de parvenus sans titres...

Et nous vous disons : nous sommes opprimés dans nos croyances, lésés dans nos intérêts, froissés dans nos respects les plus intimes. Persécutés, nous le sommes dans la personne de nos prêtres, de nos religieux, de nos sœurs, par une loi militaire qui viole l'esprit du Concordat, par des suppressions arbitraires de traitement, enfin par ce monstrueux droit d'accroissement, qui n'a d'autre but que d'arriver, par des voies détournées, hypocrites, mais sûres, à l'anéantissement des meilleurs amis du pauvre.

Est-ce le moment pour nous, catholiques, d'oublier et de tendre la main aux persécuteurs ?

IV

Pour bien comprendre à quel point sont dange-
reuses les *illusions* de ceux qui s'imaginent
pouvoir « christianiser » la République, il suffit
de constater l'influence chaque jour prépondérante
acquise par la Franc-Maçonnerie dans la direction
des affaires de l'Etat.

Il n'y a pas encore un an, elle adressait à toutes les
loges d'Italie et de France, la circulaire suivante,
qui indique, plus éloquemment que tous les commen-
taires, le but satanique qu'elle poursuit :

« L'instruction et l'éducation dans les écoles
doivent être le souci quotidien des FF∴ MM∴

« Ils doivent veiller à ce que, sauf les cas excep-
tionnels, on ne donne pas de titre aux personnes
catholiques ou qu'on prévoit devoir conserver des
attaches catholiques. Il faut que les écoles municipales,
asiles, collèges, lycées et écoles techniques, selon les

circonstances, soient indifférents ou contraires au catholicisme, et qu'on y enseigne les doctrines et les mœurs naturalistes et libres, étrangères à toute préoccupation religieuse. Les écoles supérieures doivent être au pouvoir des FF.·. MM.·. ou de leurs alliés ; plus la lutte soutenue jusqu'ici a été faible, plus il est nécessaire qu'on commence à la mener avec hardiesse.

« Pour mieux agir sur l'instruction, nous disposons de moyens légaux et de moyens électifs : le moyen légal consiste à provoquer une agitation pour enlever aux municipalités leurs écoles et faire qu'elles dépendent directement de l'Etat. Pour cela, il conviendra d'établir que les municipalités n'ont ni l'éducation ni la liberté suffisantes, qu'elles sont dominées par des passions mesquines et incapables de remplir le grand devoir didactique de l'éducation.

« Le moyen électif consiste à insinuer dans l'esprit des maîtres que l'Etat les rétribuera plus largement et aussi à rendre impopulaires les maîtres et les maîtresses qui conservent de l'affection pour les vieilles idées religieuses, afin de les obliger à quitter leurs fonctions, où ils sont funestes pour le progrès humain. Un autre moyen, c'est de vanter l'excellence de l'éducation humanitaire dans la famille et d'exagérer tout ce qui peut déshonorer le clergé enseignant et les maîtres qui partagent ces idées.

« On n'obtiendra que des fruits médiocres en matière d'instruction, si l'on ne peut imposer silence au clergé. Pour arriver à ce *desideratum*, il faut que le gouvernement soit en situation de détruire officiellement le clergé au moyen d'une loi, ou de l'obliger à l'inaction en empêchant son influence sur le peuple : il est nécessaire, à cet effet, de continuer à présenter le clergé comme un mystificateur qui prêche des vertus auxquelles il ne croit pas, qui manque d'instruction et vit de l'ignorance publique ; en même temps, il est nécessaire de laisser le clergé dans la persuasion que les pouvoirs publics sont ses amis et les protecteurs de l'Eglise, afin qu'il cesse son opposition et rende les armes. Il faut, en outre, persuader au clergé que le gouvernement désire l'enrichir et l'émanciper des évêques et du pape ; il faut encore employer tous les moyens possibles pour répandre cette opinion que le peuple a droit à l'administration des paroisses et à l'élection des curés, et que les évêques et le pape ont détruit ce droit par esprit de tyrannie ; ainsi préparera-t-on le chemin de la sécularisation de la religion, à la destruction de la hiérarchie ecclésiastique et à une législation civile qui donnera tout pouvoir à l'Etat.

« Pour propager dans le peuple ces idées salutaires, il faudra l'aide des journaux, des associations, des Sociétés ouvrières de secours mutuels, des Sociétés coopératives, des conférences, des cercles et des correspondants maçonniques, partout où il y a des loges.

« Ces instructions recevront des développements plus détaillés. En attendant, tous les adeptes de notre Société doivent les observer fidèlement, et ainsi on hâtera le jour où le naturalisme chantera l'hymne de la Rédemption sur les ruines de la religion et de la révélation ; alors l'homme et l'humanité s'avanceront sans obstacles sur les voies du progrès illimité, en s'appliquant exclusivement à produire pour les hommes sur la terre le bonheur que d'aucuns rêvent de placer dans la vie future.

« Nous recommandons aux VV.·. FF.·. de toujours porter leur attention sur les dispositions maçonniques concernant la crémation des cadavres, *le mariage et les funérailles civils ; qu'on ne permette pas, autant que possible, le baptème des enfants ; qu'on jette le discrédit sur tout ce qui a un caractère religieux, et principalement sur la presse catholique ; qu'on secoure uniquement ceux qui, d'esprit, appartiennent à la franc-maçonnerie ou donnent à espérer qu'ils lui appartiendront.*

« Le G.·. O.·. de la L.·. S.·. aux VV.·. F.·. »

La théorie, a dit nous ne savons plus quel écrivain, sera toujours l'éternelle semence du fait.

Faut-il s'étonner, dès lors, des innombrables infamies, dont le laïcisme à outrance a donné le signal.

Nous pourrions parler des scènes de débauche dont plus d'un hôpital a été témoin, décrire les mœurs spéciales de certaines infirmières, les spectacles honteux offerts aux enfants des écoles de la ville de Paris, les chants ignobles tolérés, que disons-nous, approuvés par maint éducateur de la jeunesse.

Nous pourrions dresser le navrant martyrologe des misérables diplômées, demandant à la prostitution le pain qu'elles se sentent incapables de gagner par des moyens honnêtes.

Nous pourrions faire intervenir la liste effrayante des morts violentes et des suicides, montrer, avec des magistrats républicains, comme M. Guillot, juge d'instruction au tribunal de la Seine, que la criminalité chez les enfants suit, depuis quelques années, une progression non interrompue.

Nous pourrions invoquer l'orgie de publications malsaines, de dessins obscènes, de livres sadiques dont le développement a pris, en ces derniers temps, des proportions telles que le préfet de police a dû, sous les clameurs de l'opinion, ordonner une razzia demeurée du reste à peu près sans effet.

Nous pourrions montrer nos grandes villes envahies par les établissements douteux, les brasseries borgnes et autres établissements infâmes.

Nous pourrions citer la conduite privée de tel ministre, flétrir les mœurs de tel autre, et, à l'aide de documents humains, prouver, avec une cruelle évidence, que la marée aux scandales s'accroît et monte tous les jours.

On appela les jours de Barras le gouvernement des pourris !

Que diront les historiens de l'avenir, en parlant des nôtres !

Mais la cause est entendue et ceux qui nous lisent savent qu'il est plus facile — ainsi que le proclamait Cicéron — de bâtir une ville dans les airs que de construire une société sans croyances.

Ils n'ignorent pas, surtout, que le christianisme que l'on voudrait faire disparaître offre aux déshérités des compensations que le monde leur refuse ; qu'il aide à souffrir ceux dont l'âme n'a plus ici-bas d'horizon ; qu'il ordonne aux riches de partager avec les pauvres ; qu'il confond leur inégalité sous le niveau évangélique ; qu'il a semé partout les œuvres destinées à rapprocher, par la charité, des catégories sociales que d'invincibles préjugés, que des haines soigneusement entretenues éloignent les unes des autres ; qu'il a produit des prêtres dont la vie est un perpétuel dévouement, des religieuses dont chaque journée est marquée d'un nouveau sacrifice.

Ils se rappellent le mot de Guizot [1], disant que ce catholicisme, si attaqué, si calomnié, si persécuté est « la plus grande, la plus sainte école de respect qu'ait jamais vue le monde. Que la France s'est formée à cette école, malgré l'abus qu'ont fait souvent de ses préceptes les passions humaines ».

Et le grand protestant ajoutait en forme de conclusion :

« Je suis convaincu que, pour son salut social et moral, il faut que la France redevienne chrétienne et reste catholique ! »

Evolutionnistes, concluez !

---

(1) Méditations et Etudes morales.

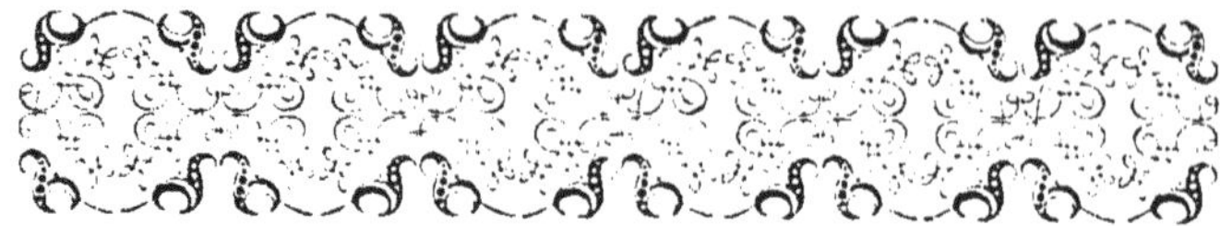

V

ERA *rerum vocabula amissimus*, a dit Tacite dans ses immortelles Annales.

Comme ce cri de la décadence romaine pourrait s'appliquer à l'époque que nous traversons.

Hélas ! oui, nous avons perdu l'exacte notion des choses et nous cotoyons, tous les jours, dans la vie, des gens dont on pourrait dire ce que disent, dans *Hernani*. les conjurés, en parlant de *Don Carlos :*

> Son père est Allemand. Sa mère est Espagnole.
> Il n'est plus Espagnol et n'est pas Allemand.

On ne sait plus où on va, on marche les yeux fermés, au hasard, comme à la dérive.

Les surprises de la veille sont dépassées par les étonnements du lendemain, et le catalogue des avatars politiques s'enrichit tous les jours de quelque numéro de marque.

Pourquoi ?

Parce que les principes ont perdu la place à laquelle ils avaient droit.

Que les chefs ont abaissé le drapeau, dans des rencontres où il eût fallu qu'il fût aperçu de toutes les troupes.

Parce que les sacrifices des humbles ne sont pas assez largement compensés par les efforts des riches et des puissants.

Mais, de ce que l'horizon s'est assombri un instant, est-ce une raison pour désespérer du salut de la Patrie?

Depuis quand des défaites partielles excusent-elles une lâche et ignominieuse capitulation ?

Entrer dans la République ? Pourquoi faire ?

Est-ce que les lois contre les congrégations ont été rapportées ?

A-t-on restitué aux curés les traitements qu'on leur a volés ?

A-t-on renoncé à employer la gendarmerie au massacre des femmes chrétiennes, comme à Châteauvillain et à Vicq ?

Est-on prêt à ouvrir les portes de la France à des princes chassés comme des malfaiteurs et dont le seul tort est d'incarner douze siècles de notre histoire ?

Va-t-on replacer les crucifix aux murs de nos écoles ?

Fera-t-on rentrer dans les hôpitaux ces femmes sublimes qui s'appellent les sœurs de charité ?

Permettra-t-on aux pères de famille de choisir pour leurs enfants le genre d'éducation qui leur convient ?

Economisera-t-on l'épargne française ?

Cessera-t-on de livrer le trésor national à la bande affamée et jamais assouvie des déclassés et des parasites ?

Mettra-t-on un terme, en un mot, aux lâchetés et aux vilenies qui font bondir d'indignation les intelligences vraiment honnêtes, les cœurs vraiment patriotes.

Non, cent fois non, répondent les républicains au Pouvoir, au Parlement et dans la Presse. Venez à nous si vous voulez, mais auparavant, abdiquez tout ce que vous aimiez et respectiez hier. En un mot, déshonorez-vous !

Écoutez encore, sur ce point, le politicien maudit que le Sénat vient de recueillir, dictant le programme des « constitutionnels » à un rédacteur de l'*Eclair* :

« Je ne suis pas l'apôtre d'intolérance qu'ont dit les cléricaux, et je suis au contraire fermement partisan de la paix religieuse ; mais ce serait payer cette paix trop cher que de la payer des lois scolaires, ainsi que le demandent certains évêques et certains hommes du parti conservateur.

« La République est et doit rester la grande éducatrice de la démocratie. L'école nationale doit demeurer laïque, neutre et gratuite, parce qu'elle est l'école nationale, et c'est pour cela que sa direction, la détermination de l'esprit qui doit l'animer, appartiennent non à la commune, mais à l'Etat.

« *Sur cette question, pas plus que sur celle de l'incorporation des séminaristes, il ne peut y avoir de transaction*, et les hommes qui se déclarent prêts à venir à la République doivent, avec cette forme de gouvernement, accepter les lois que les républicains ont faites, suivre la République ; sinon, la République qui s'est faite sans eux, se passera d'eux pour vivre et prospérer. »

C'est, afin que nul n'en ignore, la nouvelle et plus cynique répétition du défi d'Epinal.

Des catholiques peuvent-ils désarmer en face de pareils aveux ? Ont-ils le droit de croire à une République améliorable ? Sont-ils fondés à entretenir des espérances démenties à tout instant par les faits ?

Nous ne le pensons pas et les Calla, les Chesnelong, les Cazenove de Pradines, M⁸ʳ d'Hulst, M⁸ʳ Freppel, les orateurs des Congrès catholiques de Lille et de Nantes, partagent absolument notre manière de voir.

Catholiques, nous avons l'impérieux devoir de défendre nos croyances. Il ne nous est pas permis de déserter le champ de bataille, à l'heure où l'ennemi redouble ses attaques.

Plus que jamais, l'heure est aux actes généreux et virils ; à la protestation quotidienne et véhémente contre les hontes dont nous avons dressé la liste, contre les scandales que nous avons flétris.

VI

Nous avons, au début de cette brochure, enregistré les paroles de trois évêques.

C'est également sur la parole d'un grand évêque que nous terminerons.

A l'occasion des souhaits qui lui étaient adressés le jour de l'an par son clergé, Mgr Freppel, dans un magistral exposé de la situation religieuse en France, s'est exprimé ainsi :

« La lutte actuelle dépasse de beaucoup les diverses formes de gouvernement : elle est, au fond, entre le christianisme et la franc-maçonnerie, qui règne et qui gouverne, dont le programme a été appliqué point par point depuis douze ans. Voilà dans quels termes la question se pose à l'heure présente, du moins pour nous ; et c'est à reconquérir l'exercice de nos droits et de nos libertés sur les francs-maçons et les libre-pen-

seurs ennemis de l'Eglise, que doivent tendre principalement les efforts de tous les catholiques.

« Assurément, Messieurs, il serait injuste de prétendre que les catholiques de France sont divisés sur
aucune question religieuse ou bien qu'ils ont négligé
jusqu'ici de défendre les intérêts de l'Eglise. Je crains
fort que, à l'étranger, on ne se fasse pas de notre
situation une idée complètement exacte. Jamais, peut-
être, à aucune époque de notre histoire nationale, les
catholiques français n'ont été plus unis sur le terrain
de la doctrine. Ni au Sénat, ni à la Chambre des
députés, ni dans la presse, ni ailleurs, il n'y a parmi
nous le moindre dissentiment, dès qu'il s'agit du
Concordat, de l'enseignement chrétien, des choses de
l'Eglise et de la religion. Inutile d'ajouter qu'il n'en a
pas toujours été ainsi. Est-ce à dire que l'on ne puisse
pas ajouter encore à cette force de cohésion déjà si
grande, et, par suite, à l'efficacité de la défense religieuse ? Non, certes ; et c'est précisément là ce que
vient de nous rappeler, avec une autorité devant
laquelle tous doivent s'incliner, S. Em. le cardinal
Rampolla, secrétaire d'Etat de Sa Sainteté. Oui, il faut
que, pour faire front à leurs adversaires, tous les
catholiques de France serrent leurs rangs et qu'ils
s'organisent, non pas à l'état de parti — le mot serait
aussi étroit que la chose elle-même — mais dans leurs
diocèses respectifs et sous la haute direction de leurs
évêques. Car, si nous devons laisser à d'autres, qui en
ont reçu la mission, le soin de conduire les affaires
politiques et civiles sur le terrain des intérêts religieux,

cette direction est pour nous un droit que personne ne saurait nous contester, et un devoir auquel nul d'entre nous ne songe à se soustraire. »

A vous, catholiques et royalistes, de méditer ces paroles et de dire si elles ne sont pas dictées par l'amour de l'Eglise, le souci des âmes et le patriotisme le plus pur.

A vous de rappeler, à ceux qui l'oublient, qu'il est des concessions inutiles et des indulgences coupables.

A vous de relever la tête et de faire face à vos insulteurs.

Aussi bien, il vaut mieux que la situation soit nette.

C'est la guerre que veulent les francs-maçons. Ils l'auront, par Dieu !

Les catholiques ont la promesse des victoires futures... Et le *non prœvalebunt* n'a pas été, j'imagine, un propos d'évolutionniste !

Dans *Thermidor*, le drame de Sardou, interdit sous la pression d'une minorité d'autant plus arrogante qu'elle sait qu'elle peut compter sur la docilité des ministres, à la scène IV du premier acte, se trouve ce dialogue entre *Labussière*, commis aux écritures dans les bureaux du Comité du Salut public et *Martial*, un soldat qui est, lui aussi, un fervent admirateur des doctrines de 1789 :

LABUSSIÈRE

Oh ! parbleu !... si les honnêtes gens avaient la braroure de leur honnêteté, comme les coquins ont celle de leur scélératesse ! Mais la lâcheté humaine est

*l'égoïsme ! Chacun ne songe qu'à son propre salut,
s'aplatit sur le sol, faisant le mort. Les honnêtes gens
gémissent ! Certes ! c'est leur fonction, à ceux-là, de
toujours gémir et de ne jamais rien faire ; mais pour
arrêter la charrette et crier : A bas l'échafaud !...
Pas un !*

MARTIAL

Eh bien ! je serai celui-là !

Vous aussi, catholiques, vous pousserez ce cri de
généreuse protestation.

Avec le héros de Sardou, vous répondrez à ceux qui
vous demandent de vous rallier à la République :

*« Non ! non ! ce n'est pas la République, c'est le
despotisme ! C'est la tyrannie, et de toutes la pire, la
tyrannie de la canaille ! »*

Vous écouterez la voix autorisée vous avertissant
que « la résistance à l'injustice est encore la plus
grande des habiletés » (1).

Vous déclarerez que « votre honneur et votre conscience » vous permettent de rien sacrifier dans un
héritage de dix-huit siècles !

Vous resterez fidèles aux traditions et aux principes qui sont la réserve de la France monarchique
et croyante.

Vous répondrez aux républicains, à ces hommes
« capables de tout et capables de rien » comme les

---

(1) Lettre de Mgr Freppel à M. le comte de Bernis.

appelait le comte de Falloux, que vous n'êtes ni de ceux que l'on corrompt ni de ceux que l'on intimide.

Vous êtes de la « Maison du Roi » !

Vous n'oublierez pas, suivant la belle parole du Prince, aujourd'hui en exil, que la seule façon de « mériter la confiance de la France, est d'avoir confiance en vous-même, en votre cause et en Dieu ! »

H. REMY DE SIMONY.

La Roche-sur-Yon. V⁰ E. IVONNET. Imprimeur,
15, rue Lafayette, 15.

9 782329 574226